SYMETRIE DE GUERRE

SYMETRIE

DE GUERRE

Remo Guidieri

Michel Aubry

EDITIONS SAINTE-OPPORTUNE, BRUXELLES / GALERIE JEAN-FRANCOIS DUMONT, BORDEAUX

à la mémoire de Morton Feldman,
maître du son pur (sans vibration)

CHANT

1

Il abaissa la main et sortit de sa poche le Qûran
« La faim règne dans la bouche des enfants à l'épaule des mères »
La tête du chêne couvrait les remparts et l'étoile
Assis les jeunes écoutaient les canons et les brebis
« La faim règne au mâristân abandonné »
Derrière eux la pierraille les gravats mêlés aux plumes
La caisse des bazookas les boîtes made in Israël et les chiffons
Hier encore enrubannant la chapka sur la tête qui souriait
Les bandeaux sont posés croisés raie contre raie
« La faim règne sur ce peuple avec un sceptre de glace »
Et le vieux carmin le bleu de montagne la soucoupe d'écume
Oscillent tandis que le corps glisse dans le suaire
Que le mufti a fait préparer par sa voix du soir du haut-parleur
La rampe des katyusha à côté des mulets et des ânes
Yeux de bayadère yeux d'innocence et de soumission
Ceux des bêtes ceux des hommes au crépuscule la lune et le
                                                    [sommet
Au rendez-vous au-dessus des attroupements et des souks
Pendant que sur la route descendent les convois et les kuffâr
Ébréchant les bornes anglaises et les sanctuaires de Kipling
Maudits en vain depuis longtemps maudits dans nos prières
Nos syllabes douces lèchent leurs âmes comme le serpent
Qui lèche pour tracer sa route entre les buissons
Ce qui fut fait fut fait et les sillons sont doux maintenant

Tandis que les consonnes cassent l'hypnose et la paupière

La main qui ouvre la page cite la sûra sans pardon sans pitié

La main seule peut dire agitée au-dessus du linceul

« Te souviens-tu du goût de la coriandre »

Puis elle serre le reliquaire avec l'or du dernier Sheik

Dedans il y a la poudre grise de sa cervelle

Mêlée à celle que les descendants ont recueillie près du torrent

Quelques-uns connaissent sa source où commence la famille des
[Croyants

« A quoi mêler maintenant le cinnamone »

Répéter la prière c'est répéter la généalogie des martyrs

Chacun porte dans la barbe les années qui répètent le début

Ce torrent fort où l'on voit du vert et du bleu

Les rochers et les gravats déposés à chaque crue

Aucun ne regarde mais chaque poitrine regorge de sang

Chaque giclée est le soupir du moribond qui oublie les siens

Pendant que gorgée la terre inclinée s'assombrit

A côté d'obélisques gravés de hâdid que le deuil allonge

A côté des masques en cuir les mouches et la fumée

A côté des frères qui dansent les bras croisés main dans la main

Le dos tourné aux portes éventrées et aux arêtes de brique

Les invalides et les enfants léchés par les mouches

« Le moutakabbil nostalgiquement qui palpe une paume de
[poussier »

Les pas qui se croisent croisent aussi les sentiers de Tadjik au
[Lahore

La danse d'Alexandre est serrée comme les chargeurs en
[bandoulière

Après l'assaut on enterre les morts et on grille le mouton

D'eux restent les empreintes l'écuelle l'homonyme et le rosaire

Qui renverse l'écuelle toupie tournée vers le dôme d'Abraham

Qui fige les empreintes comme le potier tournant le kaolin
Qui offre aux survivants la douceur de la datte fraîche
La sombre couleur de l'eau du puits et du désir de l'aimée
Afin que la prière puisse remonter jusqu'au premier tombeau
Cette pierre descendue comme descendit de nuit le cheval de
[Muhammad
Les jours maintenant ont la hache au lieu de la pendule
La mort a changé d'odeur seules les mouches s'y trompent
Même les femmes ne savent plus pleurer leurs cris sans écho
Les vallées engorgées de camions qui brûlent et de fuyards aux mains
[levées
Tandis que de Kaboul ne restent que les photos des Infidèles
Quand ils croyaient avoir coupé le turban de nos pères

2

Le bout de l'antenne perce derrière la butte de pierre
Peut-être les chaînes du char tournent à vide
Patinent sur le sol filmé par les charognards venus du sud
Les mêmes qui descendent d'avion avec caisses et pièces de rechange
Souriants craignant obus et attroupements et marches
Déguisés comme les gens qu'on voyait ici et là avant la guerre
Nos martyrs clans et vallées donnant leurs gestes et le nom
Mais le luth Ibn-Amir s'empiffre d'accords de souks lupanars
Que les convois sans désemplir chargent de voix sans raison
Les brèches démolies résonnent et les jeunes font tumulte
Accompagnés de caisses vides et d'outils étalés avec le vieux cuivre
Ce qui reste de l'odeur du jasmin du mulet du pain et de la poudre
Est maintenant mêlé à ces pacotilles qu'éclaire le néon

Les morts divisent en petits tas ces retables marchands

Seuls ceux qui méprisent la prostitution ont mémoire des martyrs

Et mourant à leur tour délivrés retrouvent les autres qui sont vieux

Impurs seulement d'avoir usé de la main gauche et de ne pas avoir

[pleuré

« O tumulte alors de tous ceux pour qui les choses sont dans le

[langage »

Savent-ils que le nôtre se décline du coutelas au phosphore

L'éperon traçant balafres les sillons prolongeant l'écrit

La ponctuation se lit sur nos lèvres et sur nos coupoles

Le silence ôte les voyelles mais pas le respect ni le murmure

La main tourne la page la voix tourne les yeux

La main trace ce que la balance soupèse à chaque prière

La gauche virevoltant sur la droite sur le moyeu d'Allah

La droite est le compagnon rescapé qui rit avec son trophée

La gauche est l'ombre où nous entrons en quittant le sentier

La droite aujourd'hui est le campement qui brûlera d'ici peu

La gauche aujourd'hui est le complice qu'il faudra tuer demain

Demain le sommeil se prolongera dans le silence sans mouches

Nos corps avachis rejoindront les charniers sans stèles

3

Il suffit de fermer les mains fermer la gorge et gagner

Gagner sur la curiosité qui nous fait aveugles mendiants

Ignorer pour une heure ou un jour l'aube et puis le croissant

Et une nouvelle vie occupe l'esprit qui nous fait guerriers

Descendre dans le fourgon et dépouiller les morts

Sans parcimonie jeter le métal l'emballage le zinc les radios

Savoir armer l'outil miniature le lance-roquettes à la fumée de
[mousse
Démonter l'engrenage morceau après morceau posés sur le lin
Les cavernes sont pleines les boîtes ouvertes regorgent d'huile
C'est notre affaire de nous dresser quand la nouvelle arrive
Le convoi porte à dos de mulet les ressources pour les embuscades
Seul le feu reste celui qu'allumaient Swat et Pathan jadis
L'odeur de kérosène l'emporte maintenant sur celle du musc et de la
[bouse
Nous le respirons en attendant que le cargo se pose gris et lourd
Notre sommeil le respire bien plus âcre que le khif et les épices
Là où il y avait les pâturages et les darakht empoussiérés
Sont parquées les carlingues les chiens accroupis à l'ombre des
[carcasses
Le cercle l'ellipse le tournant le nuage la motte et le repos
S'estompent avec la jeunesse quand nous étions seigneurs de notre
[haine et du pardon
Alertes à répliquer à l'offense prêts à chanter ensemble
Rire du frère manchot et puis lui donner l'accolade
Nous étions pris par une fumée qui n'était d'aucun bûcher
La respirions avec l'odeur de la mère des onguents des femmes
Elle rehaussait l'ivoire de nos yeux le satin de la peau et des
[chevelures
Les ceintures brillaient autant que nos dagues et nos fusils
Quand nous priions quand le plaidoyer nous rassemblait
Le juste était parmi nous et les brimades et le mépris ne nous
[touchaient pas
La fumée stagnait nous rendait invisibles à la folie et à l'inconnu
Son odeur épaisse comme nos entrailles en accord avec les mots
Le soupçon maintenant remplace la fumée et nous bégayons comme
[marchands

Nous pouvions implorer la fumée haleine du temps

L'appeler prosternés recevoir encerclement et chaleur

Gardienne de nos yeux et de ce qui palpite en nous

Le coeur saignant se joignait aux volutes et au serein

Nous nous sentions brebis qui ne se soucient pas du loup

Nous bougions captifs dans l'enceinte jusqu'au jour du sacrifice

Car la mort est nourriture et non une entorse ou un crime

La mort maintenant est cire qui chauffe et ramollit

Sans forme pendant qu'elle brûle grêle est devenue sa lumière

L'ombre est large le sommeil incandescent et court

Nous sommes les étincelles de la roue à l'axe marin

Le sceau de l'éloignement se marque dans les cerveaux et dans les

[âmes

Tandis que les rapaces et leurs proies disparaissent au-delà de la

[guerre

El moudjadân fakîr'ilâ Llâh

DIALOGUES

Tapis afghan (détail)
3,78 x 0,60 m.
Photographie Michel Aubry.

Une orientation n'a de sens (tout au moins pour l'expérience d'une géométrie conçue et vécue dans l'espace terrestre, euclidienne ou post : ceci doit être dit, puisque nous connaissons maintenant aussi un espace non terrestre) que si le point de vue ou de fuite est clairement (et conventionnellement) défini. Assuré *et* fixe. Ce thème occupe – aussi – l'histoire de l'art, comme, préalablement, il a occupé bâtisseurs, architectes et peintres. Les acquis de cette tradition, réunis et confrontés essentiellement par Panofsky, n'ont pas pour autant valeur universelle. La tradition orientale (celle du christianisme orthodoxe) en considère une autre, celle de la « perspective renversée » (Pavel Florenski). Et les remarques (admirables) de Riegl sur le *Spätromanische Kunst* offrent à propos de la période « barbare » de la romanité des aperçus, en terre occidentale, bien instructifs quant à la relativité *efficace* de ce qu'on appelle « point de fuite ».

Cette orientation, aussi puissante qu'elle ait été pendant des siècles, mériterait d'être considérée, thème abandonné, comme « perspectivation nomade » ou quête dépourvue programmatiquement de « point de fuite », dans l'art contemporain, du cubisme aux *drippings* de Pollock, pour ne citer que des témoignages classiques du siècle. S'y ajoutent les témoignages qui se placent en amont et en aval, résumés, depuis *Die Brücke* et après, avec des instrumentalisations diverses, *Volkisch, Folk-Art*, art populaire, « *low culture* », pop, etc.

Ainsi ces tapis de l'aire afghano-pakistanaise, qui sont apparus à l'époque de la guerre où l'URSS eut à jouer le rôle de voisin envahisseur dans une *realpolitik* qui échoua et qui a été vraisemblablement le début de son déclin (provisoire) de grande puissance.
Nous les avons accueillis, nous les avons commentés et nous les présentons dans les pages qui suivent. Quelle que soit l'approximation de nos connaissances, l'attention que nous leur avons portée devrait ouvrir sur les thèmes qui actuellement renouent à travers d'autres approximations les nœuds de la confrontation par les formes entre l'Occident et le « non-Occident ».

Lénine et Narimanov (détail)
vers 1935, Karabagh.
2.54 x 1.25 m.
Photographie Michel Aubry.

XVIIIe congrès du parti communiste
Moscou, le 10 mars 1939.

L'image tissée, classique ou pas, et en excluant
la tapisserie et plusieurs grandes variantes
d'Extrême-Orient, n'a pas de perspective, bien
qu'elle s'organise autour et à partir d'une
orientation. Cela, tout au moins, pour la création des tapis qui pendant des siècles, comme
en témoignent les collections et l'iconographie
de l'art occidental depuis le XVIe siècle, sont
parvenus en Europe de l'aire balkanique et
caucasienne.

Pour les créations du Nouveau Monde, celle de
l'aire andine et celle, qui ne remonte qu'au
début du XIXe siècle, de l'aire uto-aztèque
(groupes Zuñi, Navaho, principalement), la
question de l'orientation se pose en termes très
différents.

Qu'il suffise de dire, pour autant qu'on puisse le
savoir (ce qui exclut les fragments andins qui
remontent parfois à près de trois mille ans), que
l'adoption du tissage en atelier devait s'inspirer
d'une spatialisation de motifs déjà canoniques,
présents dans les configurations rituelles (ou
divinatoires) amérindiennes des *sand-drawings*
et, plus au nord, des peintures sur peau (dont la
diffusion remonte jusqu'aux Grands Lacs et qui
se retrouvent, magnifiés, parmi les cultures de la
côte nord-ouest américaine).

Chercher à savoir aujourd'hui ce qu'était

l'orientation de ces motifs-thèmes, c'est un peu comme vouloir découvrir l'orientation de la lecture des codex de souche nahua (aztèque) et quiché (maya) de l'époque postcolombienne. On en est encore loin.

En dépit de ce peu de savoir, on peut retenir de cette rapide comparaison transculturelle entre Vieux et Nouveau Monde une première indication qui aborde *indirectement* la question de l'orientation, dans la mesure où celle-ci est incluse dans celle-là : on veut parler du *pattern* (structure) récurrent dans les créations amérindiennes (et évidemment présent aussi dans les tapis turco-caucasiens) : celui de la *hiérarchisation* des motifs représentés, par métonymie et par métaphore, géométriques, toponymiques, « symboliques », « décoratifs ».

Lequel introduit une organisation stratifiée de l'espace et, par conséquent, la nécessaire dualité spatiale entre « haut » et « bas », c'est-à-dire *une* orientation.

3

Cela est vrai aussi pour les tapis, surtout pour les tapis-cartes ici présentés.

Ces surfaces ont une orientation codifiée et, sur la base des exemples que nous connaissons, systématiquement « fausse » par rapport à la vérité géographique : le pays (Afghanistan) est redressé, pointe vers le haut. Les points cardinaux perdent toute signification.

Car ces tapis doivent leur orientation à la contamination d'une polarité qui n'est pas la leur, celle qui combine croyance et espace, qui subordonne les quatre points cardinaux à l'orientation qui ordonne les partitions géographiques de l'*ummâ*, la communauté de l'Islam, en dépit de tout conflit entre elles (conflit souvent chronique, en particulier en Afghanistan).

C'est une polarité excentrique, celle des hommes sans Dieu – et de ceux qui, attirés par eux « perdent » l'orientation. Son pouvoir, étalé sur des siècles, consiste à s'introduire dans l'espace de la croyance et d'y gagner (provisoirement, dit-on aujourd'hui) contre elle.

Ce motif conflictuel emblématise la situation coloniale et « postcoloniale » du XXe siècle, situation qui peut se décrire non seulement en termes de conversion religieuse, ce qui concerne principalement des croyances non monothéistes,

et non l'Islam (qui a su résister remarquable-
ment à la sécularisation, voir dans l'ex-URSS),
mais en termes plus traditionnels encore d'exil,
de nomadisme, de perte de l'*Heimat*[1] : de
« désorientation », avec les conséquences désor-
données, collectives, que l'on retrouve aussi
bien dans ces régions que dans les autres régions
du monde de la fin du siècle.

1. *Briefe über Humanismus,* Heidegger, 1946.

Tapis kalachnikov
0.89 x 0.51 m chaque.
Photographies Michel Aubry.

Petites pièces tissées dans un camp de réfugiés afghans au Pakistan.
Le AK 47, symbole des révolutions contemporaines, domine les compositions.
Tout l'armement représenté est soviétique.
C'est en partie avec l'argent provenant de la vente des tapis
que chaque moudjahid est en mesure de s'armer.

4

L'excentricité de l'orientation des tapis d'Orient commence avec leur exportation.

Il en va de même pour les tapis d'Afghanistan. Les soldats russes les ont achetés comme les touristes achètent des souvenirs. Ces tapis ont une orientation nouvelle comme est nouveau leur attrait. Ce n'est plus une orientation religieusement déterminée, comme c'est le cas pour les tapis classiques où le *mihrab* indique la direction de La Mecque.

Au commencement tout au moins, en 1979-1980, l'orientation est dictée par le souvenir, ici le souvenir militaire. Le tapis est un objet rapporté d'un lieu où il y a une guerre. C'est le côté historiquement marqué de l'objet-souvenir, un souvenir d'histoire de guerre coloniale, peut-être, dans ces régions, la dernière du genre, issue de l'intervention de l'Empire constitué à la fin du XIXe siècle hors de ses frontières. Si la destination des tapis afghans est commerciale, leur diffusion concurrence celle des productions séculaires d'Arménie et du Caucase.

Mais toute orientation est ambiguë. S'orienter, à la lettre, signifie que l'Orient indique la voie – tout au moins pour nous qui regardons (nous l'avons fait longtemps à partir de l'ouest). La direction se modifie si la référence vient d'un lieu, Kaaba, « ombilic » de l'univers de l'ici-bas (comme le furent et, passablement brouillées, le sont encore Jérusalem, ou Rome, ou Constantinople, ou Moscou, « troisième Rome »), qui, pour le croyant, est non seulement l'aboutissement du pèlerinage mais une médiation entre le Bas et le Haut, à l'instar du Prophète pour l'Islam, lui-même médiateur entre l'homme et Dieu.

Le lieu-référence est donc un site géographique, *centrum*, non *totum*, car le monde continue au-delà de La Mecque.

Dans l'espace qui a été décisif pour l'expansion islamique, la Méditerranée, le noyau témoigne physiquement que la foi a un centre à partir duquel l'Islam regarde l'ouest, déjà marqué par les deux précédentes Révélations, judaïque et chrétienne, conquis et puis perdu, et perdu lorsque l'Occident s'expatrie au-delà du Vieux Monde (la Découverte coïncide avec le reflux musulman à l'ouest ; pendant des siècles, l'est, musulman et chrétien, s'écarte du tourbillon occidental ou feint de se soumettre à lui, pour s'effondrer dans ce siècle, tout au moins en tant qu'empire).

Portrait de militaire (détail)
vers 1980, Azerbaïdjan.
1.95 x 1.15 m, soumak.
Photographie Michel Aubry.

5

Depuis, comme en témoignent ces tapis de
guerre, la menace et les troubles venus
d'Occident ont toujours quelque chose de para-
doxal. Vue de l'espace islamique d'où ces objets
dérivent, l'agression vient d'un Occident qui
n'en est pas vraiment un, s'agissant de la Russie
qui, pour nous Occidentaux, est l'Est.
Du Caucase en descendant vers le Brahmapou-
tre, l'Himalaya, l'Inde, et cela depuis la colonisation principalement britannique, depuis
l'équilibre des deux Blocs qui a altéré la précé-
dente homogénéité coloniale, surtout à partir
des grands changements après la guerre dans le
Sud-Est asiatique (et en incluant l'Inde indé-
pendante et les partitions qui en découlent à
partir de 1949), enfin depuis que l'URSS n'est
plus, à la suite de l'impasse provoquée par le
bourbier afghan, toutes ces grandes aires chiites
réunissent des satrapes et des masses manipulées
qui mènent un combat de guérilla contre l'histoire puisque celle-ci est encore hégémonique-
ment occidentale.

A l'époque où ces tapis commencent à être
fabriqués, l'Empire slave s'enlise à travers le
déclin du régime soviétique. L'URSS tente d'occuper l'Afghanistan et d'imposer *manu militari*
un régime « modéré » (à en juger par ce qui s'est

passé depuis dix ans) pour tenter d'endiguer, selon des méthodes impériales « classiques », et donc inefficaces, le désordre qui menace de s'étendre à partir de Téhéran depuis le retour de Khomeyni. C'est la même chose, mais avec des résultats (provisoirement) plus efficaces, qu'entreprendra l'Occident, à commencer par la guerre Iran-Irak. Dans le cas soviétique, cette tentative de colmatage se solde par l'échec et la fin du système institué en 1917.

La guerre, toujours, révèle ce qui est moribond dans un corps social – cela, du moins, dans une perspective darwinienne de l'histoire sociale qui est, hélas, plutôt vraie.

Contemporain de la première véritable agressivité musulmane « fin de siècle », celle de l'Iran, le cas afghan révèle aussi les débordements sociaux de « retour du religieux », ses formes réactives et hostiles à l'égard d'une laïcité, bolchevique et capitaliste, qui croyait avoir réussi à neutraliser ce que revendique le fondamentalisme musulman comme juif (mais avec des moyens et des ambiguïtés idéologiques et pragmatiques diverses) : le poids du passé.

Ce qui s'est passé depuis, là-bas comme ailleurs (en Orient comme en Occident), donne *aussi* les référents des couleurs et des motifs de ces

« mondes-tapis » de la fin du millénaire : conflit *dysharmonique* entre passé (tradition, tradition empruntée) et présent (innovation, innovation syncrétique), hybrides culturels des produits de la technique, divorce entre identité et raison, éclipse du « principe d'espoir » (*Hoffnung-Prinzip*) et désarrois millénaristes.

La *Sakkhinah*, la paix de la *Torah* et du *Qûran*, est un halo qui s'estompe dans le crépuscule.

Aiguières et mécanique
1.76 x 1.17 m.
Photographie Bianca Sforni.

6

La découverte, l'attraction, enfin l'adoption de ces tapis de guerre, au cours des années 90, posent de nouveau la question de la différence – propre à l'Occident et maintenant récurrente à l'époque de la globalisation (« *the world system* ») – c'est-à-dire celle de l'altérité comme moyen de la transformation et obstacle dressé contre elle, outil d'esthétisation et d'empathie ambiguë.

Ce rapport à la différence serait-il, tout au moins en Occident, une tradition ? Il se renouvelle, surtout dans ce siècle, à chaque génération : Derain, Picasso et autres pour l'art nègre ; surréalistes jusqu'à Wilfredo Lam, pour l'Amérique et l'Océanie ; artistes new-yorkais de l'après-guerre pour l'Extrême-Orient ; Yves Klein pour le Japon (*son* Japon, avec le groupe Gutai) ; Baselitz pour l'Afrique (Congo) à nouveau ; et cela jusqu'au consensualisme fourre-tout du « musée mondial » des *Magiciens de la terre*.

Les générations d'artistes qui précèdent ces assises de l'opportunisme idéologique, qui marquent le début d'un autre phénomène, la muséophilie, ouvertement au service d'opérations spectaculaires voulues par les pouvoirs pour légitimer les nouveaux lieux communs sur l'esthétique et l'altérité culturelle (mais envisagée seulement par le biais de la « création esthétique »), avaient d'autres préoccupations.

C'étaient des temps de crise et de création, des préoccupations bien éloignées de cette période d'esthétisation généralisée qui ignore ce que les formes non occidentales, surtout archaïques, ont d'extrême : en apparence ludiques, en réalité tributaires de nécessités non esthétiques, car cultuelles.

Temps singuliers : le rejet (radical) accompagnait l'adoption la plus dénuée de partis pris ; une période d'acculturation par les formes en vue de synthèses « extra »-occidentales (mais accomplies en Occident) ; une forme de cosmopolitisme *militant* qui n'a peut-être plus eu d'équivalent dans la dernière moitié du siècle. On adopta l'archaïque pour mieux être modernes dans le futur. Des restes, intégrés dans le tissu du présent.

Ce furent des temps terribles, de guerres et de misère, marqués par une vie précaire et une énergie dont les obstacles n'affaiblissaient pas l'innocence. Le collectionnisme, aussi, en témoigne. De *mirabilia* aux *curios,* les objets exotiques réunis à cette époque ont un statut qui dépasse celui de l'objet-souvenir, de l'objet trouvé, et du « fétiche ». Ils gardent l'étrangeté qui est naturellement la leur (comme, par exemple, à peu près à la même époque, certains courants anciens de l'art occidental classés comme « primitifs », ainsi la *Scuola ferrarese* avec Tura et Dossi) et possèdent la fertilité dont le modernisme avait besoin.

Ce sont aussi des souvenirs : de voyages, de chapardages. Si l'on parle de souvenir, on parle de mémoire. Nous sommes habitués à ce type indirect de mémoire, mémoire « créolisée » pour dire d'acculturation – toute cette accumulation de souvenirs, d'objets de toute sorte, stockés depuis des siècles, nôtres ou volés, surtout depuis deux siècles de colonisation.

Ce sont des témoignages d'une mémoire qui va parfois avec un regret entretenu par ce qui est peut-être essentiellement et précocement occidental, l'exotisme.

Il véhicule cette tendance à orner, à embellir et à voiler, depuis quelque temps grâce à l'ethnologie-pop, une sorte de faute et de moralisme de la faute.

L'exotisme est un fort aimant de notre mémoire. Il peut être défendu sans trop de risques.

Il peut déplacer les problèmes, surtout.

L'exotisme académique, pour dire d'élite et de consommation, a ainsi popularisé des fautes coloniales pour ignorer des fautes plus proches et des tâches plus urgentes.

Cela débouche sur des représentations idéologiques où l'exotisme est l'équivalent du chromo à d'autres époques : un goût petit-bourgeois appliqué à une question bien grave – celle de la différence, avec ou sans exploitation coloniale.

7

On peut se demander si l'attrait qu'exercent ces tapis relève encore de cette tendance, s'ils nous attirent parce qu'ils témoignent de cette histoire coloniale qui continue ; cette histoire de viol suivi - tout au moins *esthétiquement* de regret. Nous les regarderions comme nos grands-pères regardaient leurs objets exotiques, statues et masques, qui ont *mystérieusement* aidé les avant-gardes et notre manière de regarder depuis.

Est-ce vrai ? N'y a-t-il pas eu, depuis les années 60-70, une rupture, si bien que nous ne pouvons plus regarder ces choses de la même manière ?
Non seulement parce que ces tapis, ces surfaces planes, ne sont pas des effigies, des volumes ; non seulement parce qu'ils proviennent de régions où la foi est monothéiste (ce ne sont pas des objets « païens ») ; plutôt, parce que nous avons acquis, par faiblesse ou par une attitude plus blasée, un rapport différent à l'exotique.
Ce rapport à l'autre et à ses « choses », condamne aussi bien le passéisme actuel du collectionnis-me *très* bon ton, des « *tribal arts* » que le consen-sualisme de l'« *international art* ».
Le purisme obsessionnel et limité du *connais-seurship,* du *butterflies collector,* jadis c'était le

Japon, aujourd'hui c'est l'Afrique, « promue » à occuper les salles du Louvre ; l'esthétisation sauvage, les amalgames d'autant plus faciles que les rapprochements se font par une prétendue générosité muséale, le néo-primitivisme de musée, les son et lumière muséaux.

Il est donné aujourd'hui d'être (de vivre) dans une sorte de « trans »-permanent. Un état de métamorphose chronique où l'achèvement n'est ni atteint, ni revendiqué.
« Croissance » est le mot qui justifie cet état.
Il en va ainsi de l'économie, mais également de l'esthétique.
Mettre en évidence, être toujours en situation de dépassement, sont deux impératifs de la production et de l'exposition dans ces domaines.
Croissance et exposition sont complices.
Le risque de saturation demeure grand, mais la saturation ne semble jamais être atteinte. Cet état affecte notre manière de voir.
Notre rapport à l'exotisme en est tributaire.
Notre aspiration à l'exotisme, besoin d'images et besoin de nomadisme, insiste sur l'inédit plutôt que sur le dépassement de la frontière.
Et l'appréciation de l'inédit dépasse rarement l'acquisition suivie d'obsolescence rapide.

Car notre mode dominant est celui de la consommation, qui est une manière très particulière de désirer d'acquérir.

C'est essentiellement une manière stérile, à la lisière de la saturation, d'avoir, ou d'avoir par la seule vue, des choses d'ailleurs, selon ce qui est déjà un vieux principe pour l'Occident : l'accumulation.

L'exotique est devenu matière à stocker.

Kilim karabagh avec marteau et faucille (détail)
Daté de 1925 et signé en arménien.
2.30 x 1.62 m.
Photographie Michel Aubry.

Le décor d'inspiration française
(manufacture de la Savonnerie qui porta le nom de Manufacture royale
des meubles de la Couronne et des tapis façon de Perse et du Levant) fut importé dans cette région
du Caucase au début du XIXe siècle, par les envahisseurs russes commanditaires de tapis.
Dans ces ouvrages se développe un conflit permanent entre l'esprit caucasien géométrique
et un hypothétique bon goût français.
Le champ de fleurs et de feuillages de ce tissage est parsemé de nombreux motifs traditionnels.
Mêlés à la décoration bourgeoise de ce kilim, on trouve divers symboles de protection
comme les croix, le sablier, la faucille et le marteau
- l'expression de la « pax sovietica » imposée par le parti communiste de 1921 à 1988.

8

Désormais, l'impératif d'acquérir et d'échanger est devenu besoin primaire. Si bien que la distinction marxienne entre valeur d'usage et valeur d'échange, après une période de brouillage, se trouve renversée : presque toutes les valeurs d'échange sont devenues des valeurs d'usage.

Cette mutation bouleverse le statut « classique » de la marchandise et a des effets énormes sur ses possibilités d'expansion ; pour preuve, l'état singulier dans lequel se trouve « dynamisée » toute chose esthétique, autochtone ou exotique.

« Libéralisme » veut aussi dire cela.

Il en va ainsi des choses, outils, gadgets, objets esthétiques, et de leur orientation, c'est-à-dire de leur finalité. L'orientation commerciale est une orientation *all over* (appelée « croissance de la compétition[1] »).

Cette tendance a été pendant quelques décennies limitée par la polarisation Est-Ouest, en l'occurrence par les frères ennemis socialisme et capitalisme.

Bien ou mal, elle a inclus les régions du monde qui s'orientaient encore sur la croyance, essentiellement le monde islamique. Mais cette polarisation était condamnée par la confrontation militaro-technologique qui a consisté dans le déploiement d'une stratégie globale par pays interposés et dans le programme de «guerre des étoiles» ensuite. La résistance de l'Islam face à cette nouvelle conjoncture est ambiguë et précaire. Les tapis de guerre en témoignent par leurs thèmes-motifs. Ils dépassent, par leur destination, l'orientation hybride qu'avaient les tapis destinés aux églises ou aux privés pendant des siècles.

Ils s'orientent vers l'ouest, tout au moins cet «Ouest» qu'est la Russie pour les Afghans.

Ce sont des «souvenirs» de guerre, mais devenus en dix ou quinze ans des souvenirs indirects puisque les Occidentaux qui maintenant les accueillent et les interrogent n'ont aucun rapport direct avec cette guerre, même lorsqu'ils ont su l'exploiter à peu de frais à des fins de propagande, personnelle et politique.

Les bouffons en sont sortis indemnes et ont déjà trouvé d'autres marottes.

Les bailleurs de fonds subissent maintenant les effets produits par des éclats «incontrôlés» qui se retournent contre eux.

1. Cependant, il y a des hiérarchies dans la diffusion tous azimuts d'objets de toute sorte. Il y a les produits à large consommation qui sont *all over* mais avec d'immenses trous de par le monde (zones pauvres, zones sous-développées).

Il y a les produits de luxe, de haute technologie, instruments et gadgets de consommation forcément réduite comme l'est leur usage.

Un discours à part concerne la production technologique militaire, qui connaît des restrictions qui ne sont souvent que de façade puisque sa diffusion répond à des stratégies d'intérêts économiques et politiques conflictuels.

Les produits de consommation restreinte mettent en évidence une autre polarité : Nord-Sud, laquelle est en train de devenir la principale source de tensions pour le siècle à venir.

Un souvenir qui n'a rien à voir avec la douleur,
la révélation de la mort, l'épreuve de la guerre.
De ce point de vue, nous ne les récupérons pas,
comme nous avons récupéré d'autres objets exotiques à d'autres époques. D'autant moins que
les conditions qui nous ont permis de les accueillir sont celles d'une conjoncture historique
dans laquelle nous n'étions qu'indirectement
impliqués.
Ces objets marquent le moment où l'exotique
acquiert une complexité qu'il n'avait encore
jamais eue, puisqu'il mêle référents archaïques
et référents contemporains dans un contexte
historique exceptionnel de multipolarité.

SYMÉTRIE DE GUERRE

Sélection de tapis afghans
(1979 - 1992)

Architectures néo-classiques

Dans les environs de Kaboul,
entre 1919 et 1929, des édifices
néo-classiques ont été bâtis par
des architectes italiens à la demande
du roi Aman Allah.

L'arc de triomphe, qui se trouve à
Paghman, commémore l'issue
victorieuse de la guerre
d'indépendance anglo-afghane
en 1919.

Le 24 décembre 1979,
5 000 soldats des troupes
aéroportées commencent à arriver
à Kaboul.

Le 27 décembre le palais
présidentiel à Dâr-ol-Amân est
attaqué par un bataillon soviétique
et Hafizollâh Amin est tué.

Le 1er janvier 1980, on compte
55 000 soldats soviétiques en
Afghanistan.

1.75 x 1.19 m.
Photographie
Bianca Sforni.

Animaux et machines

Dans la partie centrale des premiers exemples connus, les hélicoptères et les avions, comme par contamination, prennent la place des animaux. Progressivement, les armes occupent l'ensemble du champ, puis les bordures, recouvrant finalement toute la surface.

Motif de kalachnikov et grenade « vaporisateur » (détail)

2.04 x 1.15 m.
Photographie
Michel Aubry.

Dans ce tapis à médaillon central de facture très classique le AK 47 et la grenade soviétique modèle F-1 sont les seules allusions à la guerre. Pendant toute cette période, la grenade va remplacer un motif traditionnel que l'on appelle « boteh ».

2 x 1.15 m.
Photographie
Bianca Sforni.

Aéroport

En Perse, dès le XVIIe siècle, le tapis de jardin montrait une représentation géométrisée de l'Éden, dont le schéma compartimenté s'applique ici à l'organisation d'un aéroport moderne. On retrouve les règles de représentation du dessin par rabattement et une ouverture symétrique qui suit l'axe central.

1.40 x 0.86 m.
Photographie
Bianca Sforni.

Les motos

La guerre géométrique.

Les conflits contemporains livrent
des éléments prêts à être adoptés,
figés et géométrisés par le tapis.
Comme si, dans la culture populaire, les arts décoratifs attendaient
depuis des siècles les armes de haute
technicité, les jeux vidéo et les
motifs de camouflage « ordinateur »
(nom usuel d'un dessin de camouflage soviétique. Les taches qui
semblent faites de grossiers pixels
sont censées avoir été dessinées par
un ordinateur, ce qui pourrait être
efficace si le but était de disparaître
des écrans de contrôle).

Rompant la symétrie centrale, deux
motos que le créateur a soigneuse-
ment détaillées se détachent parmi
les objets stylisés.

Les motos (détail)

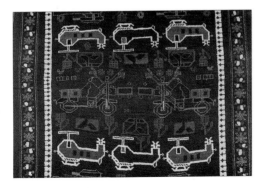

2 x 1 m.
Photographie
Michel Aubry.

2 x 1 m.
Photographie
Bianca Sforni.

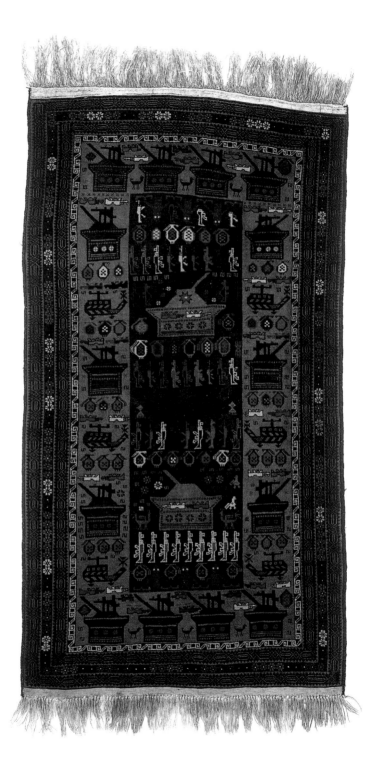

Armes

Sur le champ se déploie un échantillonnage d'armes géométrisées qui se sont substituées aux dessins traditionnels. L'orientation a complètement remplacé la symétrie. La technologie est ici liée aux armes et à la guerre, les Afghans n'ayant jamais eu la naïveté de croire à son utilisation « conviviale ».

La technique du nouage produit sur les dessins des résultats très comparable à la définition par pixels des blocs d'images électroniques, les silhouettes suggèrent les représentations sommaires présentes dans les premiers jeux vidéo. On distingue, comme motifs orientés, des chars, des hélicoptères, des avions, des grenades et des kalachnikovs.

Mikhail T. Kalachnikov à sa table de travail.

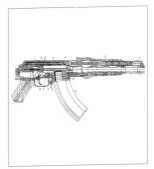

Coupe d'un AK 47

2.03 x 1.13 m.
Photographie
Bianca Sforni.

Les chars pagodes

Exemple précoce d'une composition classique de chars déjà très codifiée. Le projet géométrique initial reste énigmatique n'évoquant pas une silhouette précise, mais plutôt une hybridation entre T-54, BMP-1, BMP-2 et BMD.
Le motif de char restera le plus populaire et le plus copié jusqu'à sa dégénérescence dans les années qui suivent.

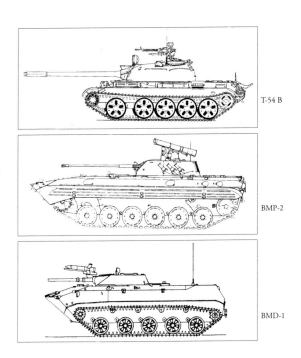

T-54 B

BMP-2

BMD-1

1.75 x 1.20 m.
Photographie
Bianca Sforni.

Tank, tank

Les silhouettes sont imprécises mais elles portent en cartouche les inscriptions « tank ».

Ces modèles de char d'assaut sont généralement associés aux deux aiguières posées sur la table en perspective.

1.95 x 1.11 m.
Photographie
Bianca Sforni.

« Mig »

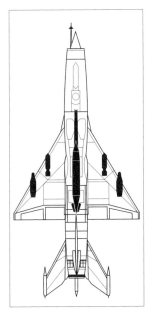

Mig-21
armé pour une attaque
au sol.

1.87 x 1.15 m.
Photographie
Michel Aubry.

« F-16 »

Les avions dessinés parmi les chars et les hélicoptères sont certainement des Mig soviétiques, et non pas des F-16 comme le prétend l'inscription. Il s'agit de représenter le désir des Pakistanais de posséder du matériel américain. En septembre 1989, le gouvernement Bhutto avait commandé 71 F-16 aux États-Unis. Depuis la fin de l'année 1990, l'embargo sur les armes empêche la livraison des appareils déjà construits.
Jusqu'en 1993 le Pakistan a payé 658 millions de dollars pour des avions non livrés.

2.07 x 1.22 m.
Photographie
Bianca Sforni.

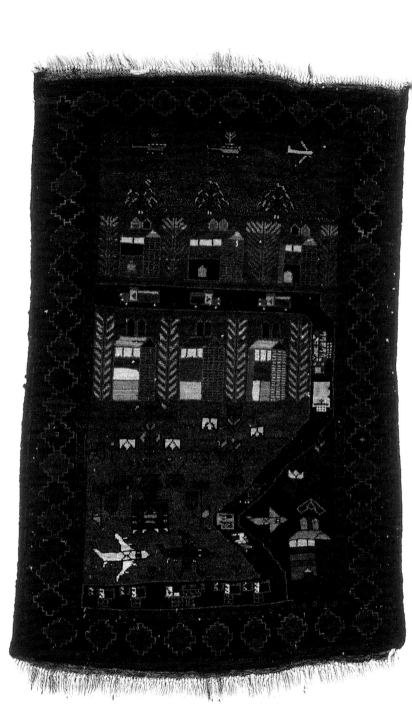

Paysage de guerre

22 janvier 1989 : dans un discours télévisé, Gorbatchev qualifie de « crimes » l'intervention en Afghanistan et la catastrophe de Tchernobyl.

1.40 x 0.90m.
Photographie
Bianca Sforni.

15 février 1989

Départ du dernier soldat soviétique de l'Afghanistan.

Le 8 février 1988, Gorbatchev annonçait que l'URSS commencerait le retrait de ses troupes à partir du 15 mai 1988.

Le convoi est formé d'une répétition d'hélicoptères, de chars tractants des canons, mais aussi de véhicules civils comme des voitures et des bus chargés de bagages.

Bus chargé de bagages (détail)

1,97 x 1 20 m.
Photographie
Michel Aubry.

1.94 x 1.15 m.
Photographie
Bianca Sforni.

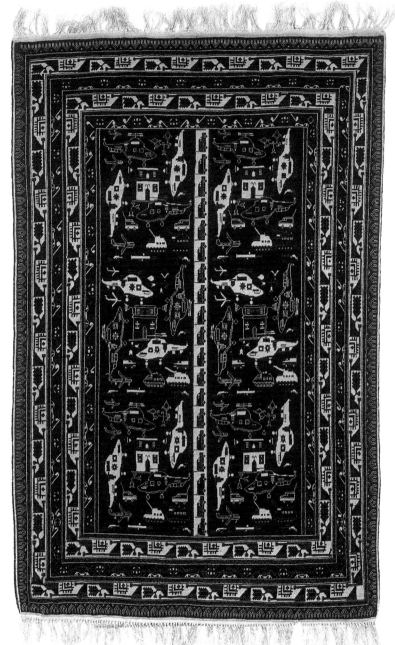

Armement ornement

Vers 1990.

Ce tapis et ceux des pages 76, 78, 79 et 82 ont été réalisés d'après des cartons dans des ateliers urbains. Ce sont parfois des minutieux catalogues d'armement moderne soviétique, utilisé de 1979 à 1989, pendant tout le conflit russo-afghan.

Ces dessins très précis ont été exécutés à partir de photographies ou de manuels d'instruction, ce qui permet d'identifier les armes et les véhicules avec certitude.

Les ruines et les carcasses

1.25 x 0.85 m.
Photographie
Bianca Sforni.

1.90 x 1.20 m.
Photographie
Bianca Sforni.

La victoire

Vers 1990.

Il s'agit d'une commémoration urbaine du départ des Soviétiques, une préparation aux combats entre factions rivales et un défilé tournoyant autour des mosquées. Paradoxalement, l'agencement orthogonal de la mise en scène semble proportionnel au chaos du champ de bataille.

2 x 1.25 m.
Photographie
Bianca Sforni.

Chef de la résistance
Vers 1990.
Image de propagande célébrant la
victoire et remerciant les pays
donateurs comme les États-Unis,
le Yémen et l'Arabie saoudite.

Chef de la résistance (détail)

1.94 x 1.29 m.
Photographie
Michel Aubry.

1.97 x 1.22 m.
Photographie
Bianca Sforni.

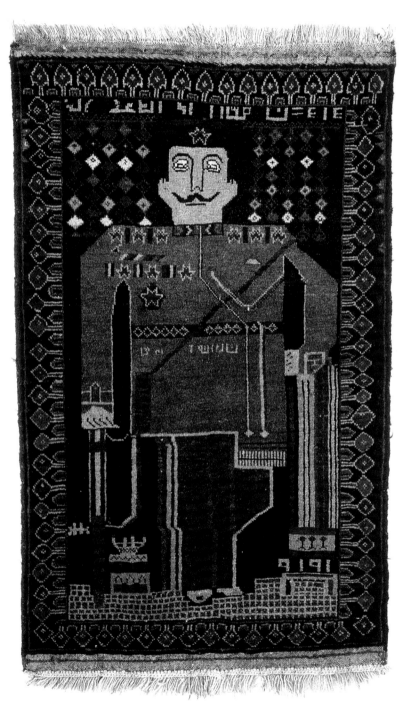

Le roi Aman Allah en tenue d'officier

Aman Allah fut le vainqueur, diplomatique, de la troisième guerre anglo-afghane, il régna de 1919 à 1929. Inspiré par Atatürk et Reza Chah Pahlavi, il a tenté de moderniser et d'occidentaliser l'Afghanistan. Dès sa prise de pouvoir il a noué des contacts étroits avec l'Union soviétique.

Reza Chah Pahlavi en costume de cosaque

Cette photographie officielle a souvent été diffusée sous forme de tapis en Iran durant son règne. À partir de 1975, Mohammed Reza Chah, fils de Reza Chah Pahlavi a envisagé sérieusement de réduire la dépendance économique de l'Afghanistan vis-à-vis de l'URSS.

Souvenir des guerres du Caucase

Fin du XIXe siècle.
Chirvan, Caucase.
Dès 1953, après la mort de Staline, les conseillers militaires et les officiers soviétiques présents en Afghanistan furent certainement les premiers commanditaires de tapis « souvenirs ».
Ils s'inscrivaient simplement dans une tradition russe, datant des guerres du Caucase, qui voulait que les officiers passent commande de tapis à leur effigie.

1.75 x 1.10 m.
Courtesy Étude Gros & Delettrez, Paris.

1.35 x 0.85 m.
Photographie
Michel Aubry.

Pavots

Ces vases contiennent de magnifiques plants de pavot dont les fleurs sont autant de projets d'exportation. Depuis le retrait des Soviétiques, le commerce de l'héroïne est, loin devant celui des tapis, le nerf économique de la guerre entre clans. Avec 3 500 tonnes, on estimait en 1994 que l'Afghanistan était le premier producteur mondial d'opium.

La plus grande partie de l'espace cultivable est consacrée au pavot : en 1990, on le trouvait jusque sur les champs de mines.

L'Afghanistan, l'Iran et le Pakistan forment le « Croissant d'or » d'où provient 80 % de l'héroïne consommée en Europe.

À la fin de la guerre, Christopher Conrad, directeur du programme de contrôle de la drogue des Nations Unies déclarait :

« C'est une honte. Pendant douze ans, l'Occident a versé des millions de dollars dans les poches des plus grands producteurs de drogue de la région. Tous les moudjahidine possèdent des champs de pavots, ce qui rend notre programme d'éradication impossible ».
(*Libération*, 26 décembre 1991).

1.49 x 1.02 m.
Photographie
Michel Aubry.

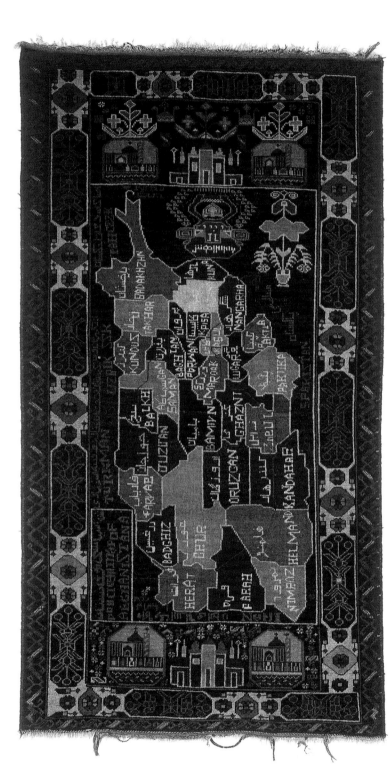

Carte redressée de l'Afghanistan

Compte tenu de l'augmentation de la production de drogue, la logistique de l'acheminement est d'une importance vitale pour les chefs de guerre. Avant l'éclatement de l'Empire soviétique, les routes vers l'Europe étaient celles du sud et de l'ouest, par le Pakistan, l'Iran ou la Turquie. Depuis 1992, les trafiquants trouvent d'autres débouchés vers l'Asie centrale et la Russie. Les voies de communication représentées en rouge sur cette carte sont aussi les routes de la drogue du Croissant d'or.

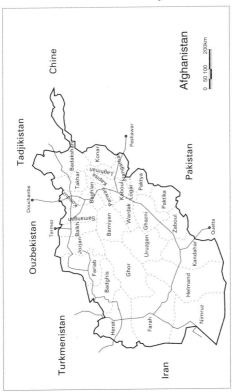

2.02 x 1.10 m.
Photographie
Bianca Sforni.

Carte redressée géométrisée
Vive l'Afghanistan. Vers 1987.
Cette carte, contrairement à celle qui précède, a été fabriquée au cours de la période de la guerre contre l'Union soviétique. Elle ne précise donc pas les noms des trois républiques frontalières d'Asie centrale, mais on trouve dans la partie nord l'inscription : Union des républiques socialistes soviétiques.

Carte géométrisée avec des représentations d'êtres vivants
(détails)
Dans la région de Bamiyan se trouvent deux Bouddhas monumentaux taillés dans la falaise, sculptés entre le IIe et le Ve siècle.

Province de Jozjan,
province de Fariab,
et province de Bamiyan.

Province de Farah
et province de Nimruz.

1.30 x 0.80 m.
Photographies
Michel Aubry.

Province de Samangan.

1.35 x 0,80 m.
Photographie
Bianca Sforni.

Vue de la mosquée du chah Do Chamchireh avec hélicoptère soviétique surmonté de deux emblèmes portant les armoiries de l'Afghanistan

On reconnaît les deux sabres croisés qui encerclent deux gerbes de blé liées par des rubans.

Au-dessus de la mosquée, le livre ouvert qui symbolisait l'enrichissement culturel et scientifique, hérité de la révolution communiste, a été remplacé par le Coran posé sur son support et surmonté des rayons du soleil.

Depuis 1928, le drapeau afghan a changé au moins huit fois et la nouvelle version n'est pas définitive.

Les armoiries représentées ici sont le résultat d'un collage de différents éléments rarement associés. Elles ont disparu en mai 1992 pour réapparaître sans le Coran en décembre de la même année. Ainsi accolés, les deux emblèmes suggèrent curieusement une optique de char.

1.30 x 0.88 m.
Photographie
Bianca Sforni.

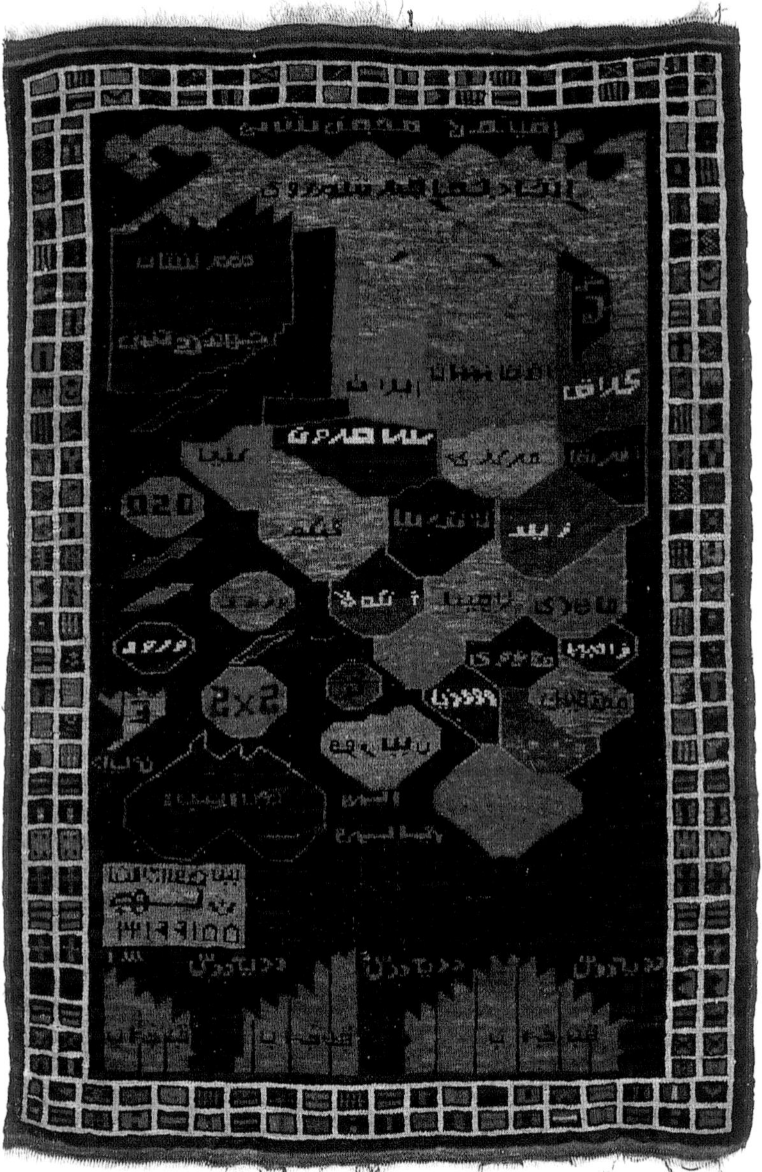

Carte du monde à bordure de
drapeaux

1.20 x 0.86 m.
Photographie
Bianca Sforni.

PARTITION

Table de conversion
pour l'établissement des demi-tons dans la canne de Sardaigne (en cm).

grave		moyen		haut		aigu	
		la	138	la	72	la	37,5
		sib	131	sib	68	sib	33
		si	124,5	si	64,5	si	29
		do	118	do	61	do	25
		do#	112	do#	58	do#	21,5
		ré	106	ré	55	ré	18
		ré#	100,5	ré#	52,5	ré#	15
		mi	95	mi	50	mi	12
		fa	90	fa	48	fa	9,5
		fa#	85	fa#	46	fa#	7
sol	153	sol	80,5	sol	44,5	sol	5
sol#	145	sol#	76	sol#	43	sol#	3

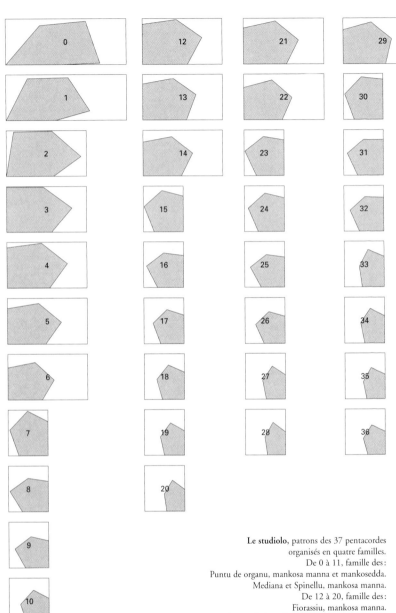

Le studiolo, patrons des 37 pentacordes
organisés en quatre familles.
De 0 à 11, famille des :
Puntu de organu, mankosa manna et mankosedda.
Mediana et Spinellu, mankosa manna.
De 12 à 20, famille des :
Fiorassiu, mankosa manna.
Mediana a fiuda et Spinellu a fiuda, mankosedda.
De 21 à 28, famille des :
Mediana et Spinellu, mankosedda.
De 29 à 36, famille des :
Fiorassiu, mankosedda.
Mediana a pipia et Spinellu a pipia, mankosedda.

Les 37 pentacordes :
correspondance de la numérotation
et de la couleur dans le tableau de la roulette française.

Les 37 pentacordes

Table de constitution des échelles musicales des mains gauches et des mains droites des launeddas.
Les longueurs correspondantes sont exprimées en centimètres.

Familles des :
- Puntu de organu, mankosa manna (main gauche) et mankosedda (main droite).
- Mediana et Spinellu, mankosa manna (main gauche).

Pour chaque pentacorde : correspondance de la numérotation et de la couleur dans le tableau de la roulette française.

n°0. vert	sol 153	la 138	si 124,5	do 118	ré 106
n°1. rouge	la 138	si 124,5	do# 112	ré 106	mi 95
n°2. noir	la# 131	do 118	ré 106	ré# 100,5	fa 90
n°3. rouge	si 124,5	do# 112	ré# 100,5	mi 95	fa# 85
n°4. noir	do 118	ré 106	mi 95	fa 90	sol 80,5
n°5. rouge	ré 106	mi 95	fa# 85	sol 80,5	la 72
n°6. noir	mi 95	fa# 85	sol# 76	la 72	si 64,5
n°7. rouge	fa 90	sol 80,5	la 72	la# 68	do 61
n°8. noir	sol 80,5	la 72	si 64,5	do 61	ré 55
n°9. rouge	la 72	si 64,5	do# 58	ré 55	mi 50
n°10. noir	la# 68	do 61	ré 55	ré# 52,5	fa 48
n°11. noir	do 61	ré 55	mi 50	fa 48	sol 44,5

Famille des :
- Fiorassiu, mankosa manna (main gauche).
- Mediana a fiuda et Spinellu a fiuda, mankosedda (main droite).

Pour chaque pentacorde :
correspondance de la
numérotation et de la
couleur dans le tableau
de la roulette française.

n°12. rouge	si 124,5	ré 106	mi 95	fa# 85	sol 80,5
n°13. noir	do# 112	mi 95	fa# 85	sol# 76	la 72
n°14. rouge	ré 106	fa 90	sol 80,5	la 72	la# 68
n°15. noir	mi 95	sol 80,5	la 72	si 64,5	do 61
n°16. rouge	fa# 85	la 72	si 64,5	do# 58	ré 55
n°17. noir	sol# 76	si 64,5	do# 58	ré# 52,5	mi 50
n°18. rouge	la 72	do 61	ré 55	mi 50	fa 48
n°19. rouge	si 64,5	ré 55	mi 50	fa# 46	sol 44,5
n°20. noir	do# 58	mi 50	fa# 46	sol# 43	la 42

Famille des:
- Mediana et Spinellu, mankosedda (main droite).

Pour chaque pentacorde:
correspondance de la
numérotation et de la
couleur dans le tableau
de la roulette française.

n°21. rouge	do 118	mi 95	fa 90	sol 80,5	la 72
n°22. noir	ré 106	fa# 85	sol 80,5	la 72	si 64,5
n°23. rouge	mi 95	sol# 76	la 72	si 64,5	do# 58
n°24. noir	fa 90	la 72	la# 68	do 61	ré 55
n°25. rouge	sol 80,5	si 64,5	do 61	ré 55	mi 50
n°26. noir	la 72	do# 58	ré 55	mi 50	fa# 46
n°27. rouge	si 64,5	ré# 52,5	mi 50	fa# 46	sol# 43
n°28. noir	do 61	mi 50	fa 48	sol 44,5	la 42

Famille des:
- Fiorassiu, mankosedda (main droite).
- Mediana a pipia et Spinellu a pipia, mankosedda (main droite).

Pour chaque pentacorde :
correspondance de la
numérotation et de la
couleur dans le tableau
de la roulette française.

n°29. noir	do	fa	sol	la	la#
	118	90	80,5	72	68
n°30. rouge	ré	sol	la	si	do
	106	80,5	72	64,5	61
n°31. noir	mi	la	si	do#	ré
	95	72	64,5	58	55
n°32. rouge	fa	la#	do	ré	ré#
	90	68	61	55	52,5
n°33. noir	sol	do	ré	mi	fa
	80,5	61	55	50	48
n°34. rouge	la	ré	mi	fa#	sol
	72	55	50	46	44,5
n°35. noir	si	mi	fa#	sol#	la
	64,5	50	46	43	42
n°36. rouge	do	fa	sol	la	la#
	61	48	44,5	42	41

La roulette française
1992

(détail)
Cylindre en bronze,
cadre marqueté bois sur bois.
Photographie Michel Aubry.

Le studiolo, 1990-1992. (détail)
Encaustique sur carton presspahn.
Collection FRAC Pays de la Loire.
et
La roulette française, 1992.
Table de jeu, dessin à l'acide sur drap de laine, cylindre en bronze, cadre marqueté bois sur bois.
Collection FRAC Pays de la Loire.
Installation au Château de la Louvière, Montluçon 1993.
Photographie Michel Aubry.

Installation à La Chaufferie, Strasbourg

Fortification en principe musical, 1989.
7 pentagones en contreplaqué, 1995.
Table ronde, 1989 sur
Sol moulé, 1995 d'après le sol gravé de 1989.
Fantôme de marqueterie : les instruments sardes, 1987-1995.
21 pentagones en ruban adhésif, 1995.
Table, 1988.
Photographie Richard Decker.

Table, 1988.
7 pentagones en contreplaqué, 1995.
Moule et gravures, 1988-1995.
Table ronde, 1989 sur Sol moulé, 1995 d'après le sol gravé de 1989.
Fantôme de marqueterie : les instruments sardes, 1987-1995.
Fortification en principe musical, 1989.
21 pentagones en ruban adhésif, 1995.
Photographie Richard Decker.

Sol moulé
1995

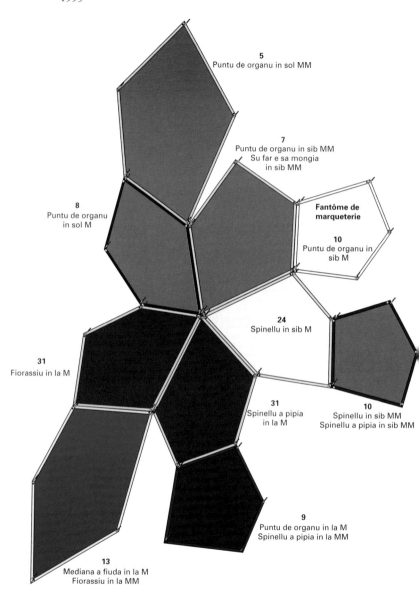

5
Puntu de organu in sol MM

7
Puntu de organu in sib MM
Su far e sa mongia
in sib MM

8
Puntu de organu
in sol M

**Fantôme de
marqueterie**

10
Puntu de organu in
sib M

24
Spinellu in sib M

31
Fiorassiu in la M

31
Spinellu a pipia
in la M

10
Spinellu in sib MM
Spinellu a pipia in sib MM

9
Puntu de organu in la M
Spinellu a pipia in la MM

13
Mediana a fiuda in la M
Fiorassiu in la MM

Échelle 1:35.

0   25   50   100cm

Table ronde,
transformée pour la partition Chaufferie, Strasbourg, 1995.

95 mi   90 fa   80,5 sol   72 la   55 ré

Ré - son de 55 cm.
Débouche par un percement (Ø 1 cm) dans le plateau.
Pas de rainure dans le pied.

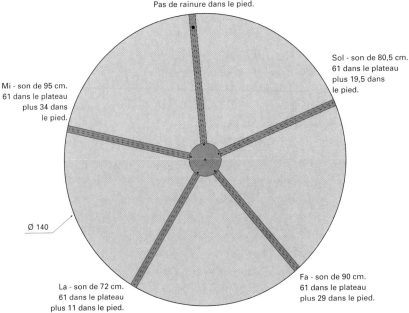

Sol - son de 80,5 cm.
61 dans le plateau
plus 19,5 dans
le pied.

Mi - son de 95 cm.
61 dans le plateau
plus 34 dans
le pied.

Ø 140

La - son de 72 cm.
61 dans le plateau
plus 11 dans le pied.

Fa - son de 90 cm.
61 dans le plateau
plus 29 dans le pied.

Vue de dessus

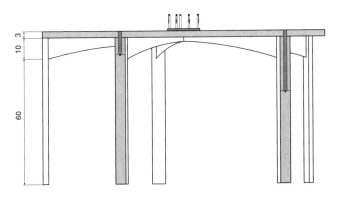

10   3

60

Vue de côté

Sol gravé: les instruments sardes
1989

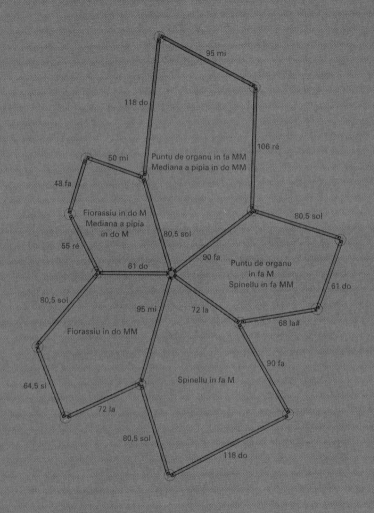

95 mi

118 do

106 ré

50 mi

Puntu de organu in fa MM
Mediana a pipia in do MM

48 fa

80,5 sol

Fiorassiu in do M
Mediana a pipia
in do M

55 ré

80,5 sol

90 fa

61 do

Puntu de organu
in fa M
Spinellu in fa MM

61 do

80,5 sol

95 mi

72 la

68 la#

Fiorassiu in do MM

90 fa

64,5 si

Spinellu in fa M

72 la

80,5 sol

118 do

Échelle 1:35.

0   25   50   100cm

Table ronde ,
à la galerie Jean-François Dumont, Bordeaux, 1989.

95 mi   90 fa   80,5 sol   72 la   61 do

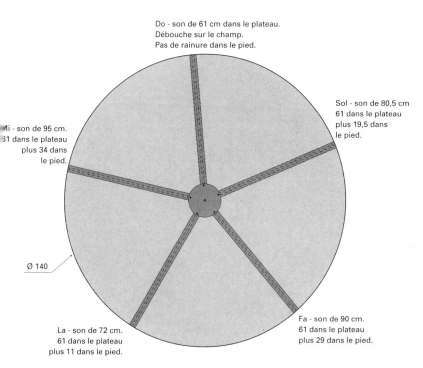

Do - son de 61 cm dans le plateau.
Débouche sur le champ.
Pas de rainure dans le pied.

Sol - son de 80,5 cm
61 dans le plateau
plus 19,5 dans
le pied.

Mi - son de 95 cm.
61 dans le plateau
plus 34 dans
le pied.

Ø 140

Fa - son de 90 cm.
61 dans le plateau
plus 29 dans le pied.

La - son de 72 cm.
61 dans le plateau
plus 11 dans le pied.

Vue de dessus

Sol gravé : les instruments sardes, 1989.
Galerie Jean-François Dumont, rue de la Rousselle. Bordeaux.
Photographie Frédéric Delpech.

Partition Chaufferie
1995

Liste des combinaisons issues de la tradition musicale sarde présentées dans la partition.

Puntu de organu

Tonalité	Main gauche	Main droite
do	0	4
ré	1	5
mi	3	6
fa	4	7
sol	5	8
la	6	9
si^b	7	10

Su far e sa mongia
Main gauche et main droite de Puntu de organu.

Tonalité	Main gauche	Main droite
si^b	7	7

Mediana

Tonalité	Main gauche	Main droite
sol	0	22
do	4	25
mi	6	27

Mediana a pipia

Tonalité	Main gauche	Main droite
si^b	2	32
ré	5	34
fa	7	36

Mediana a fiuda

Tonalité	Main gauche	Main droite
sol	0	12
la	1	13
si^b	2	14
do	4	15
ré	5	16

Spinellu

Tonalité	Main gauche	Main droite
fa	7	21
sol	8	22
si^b	10	24

Spinellu a pipia

Tonalité	Main gauche	Main droite
la	9	31
si^b	10	32

Spinellu a fiuda

Tonalité	Main gauche	Main droite
sol	8	19

Fiorassiu

Tonalité	Main gauche	Main droite
sol	12	30
la	13	31
do	15	33
ré	16	34
fa	18	36

Simpogna
Main gauche de Puntu de organu. Main droite de Fiorassiu.

Tonalité	Main gauche	Main droite
sol	5	30
do	8	33

Star Kazak, 1995.

Cires colorées, cinquante anches.
628 x 233 cm.

Page de droite
Au sol : **Star Kazak.**
Au mur : **Wall street, pyramide du dollar**, 1988-1995.
Canne de Sardaigne, papier bakélisé, sept anches.
140 x 170 x 140 cm.

Installation à la galerie Jean-François Dumont, Bordeaux.
Photographies Frédéric Delpech.

Tapis moulage
1994

Extérieur:
Fiorassiu in la, mankosedda
95 mi 72 la 64,5 si 58 do# 55 ré
Intérieur:
Fiorassiu in ré, mankosedda
72 la 55 ré 50 mi 46 fa# 44,5 sol

Extérieur:
Fiorassiu in la, mankosa manna
Fiuda in la, mankosedda
112 do# 95 mi 85 fa# 76 sol# 72 la
Intérieur:
Fiorassiu in ré mankosa manna
Fiuda in ré, mankosedda
85 fa# 72 la 64,5 si 58 do# 55 ré

Extérieur:
Mediana a pipia in la, mankosedda
95 mi 72 la 64,5 si 58 do# 55 ré
Intérieur:
Mediana a pipia in ré, mankosedda
72 la 55 ré 50 mi 50 fa# 44,5 sol

Extérieur:
Mediana in la, mankosedda
95 mi 76 sol# 72 la 64,5 si 58 do#
Intérieur:
Mediana in ré, mankosedda
72 la 58 do# 55 ré 50 mi 46 fa#

Extérieur:
Mediana in la, mankosa manna
Mediana a pipia in la, mankosa manna
Mediana a fiuda in la, mankosa manna
Puntu de organu in ré, mankosa manna
138 la 124,5 si 112 do# 106 ré 95 mi
Milieu:
Mediana in ré, mankosa manna
Mediana a pipia in ré, mankosa manna
Mediana a fiuda in ré, mankosa manna
106 ré 95 mi 85 fa# 80,5 sol 72 la
Intérieur:
Puntu de organu in sib, mankosa manna
90 fa 80,5 sol 72 la 68 la# 61 do

Extérieur:
Puntu de organu in ré, mankosedda
106 ré 95 mi 85 fa# 80,5 sol 72 la
Intérieur:
Puntu de organu in sib, mankosedda
68 la# 61 do 55 ré 52,5 ré# 48 fa

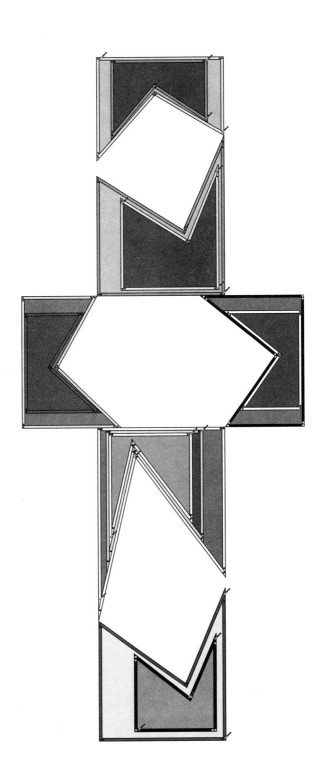

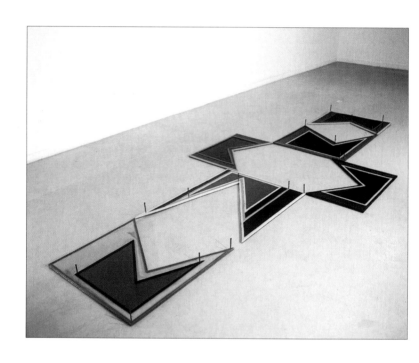

Tapis moulage, 1994.
Cires colorées, vingt anches.
485 x 205 cm.
Collection FRAC Bretagne.
Photographie Hervé Beurel.

page de droite
Tapis moulage, (détail).

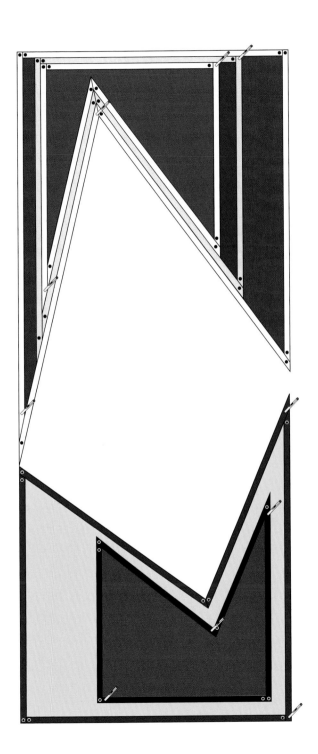

Jalsaghar (le salon de musique)
1990

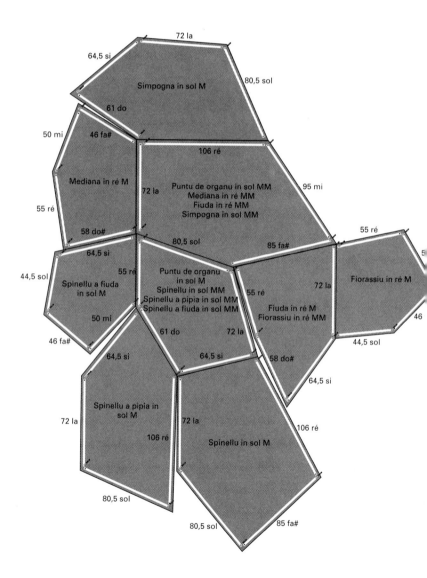

Jalsaghar (Le salon de musique), 1990.
Parquet : neuf pentagones en bois bakélisé, quarante-cinq anches.
Lustre : fer, verres à boire, miroirs.
Collection FRAC Poitou-Charentes.
Installation au Musée de Cognac, 1996.
Photographie Ch. Vignaud.

Cires gravées:
les instruments sardes
1988

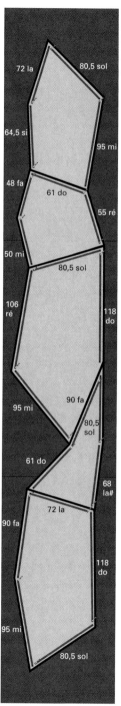

72 la

80,5 sol

64,5 si

95 mi

Fiorassiu in do MM

48 fa

61 do

55 ré

Fiorassiu in do M
Mediana a pipia in do M

50 mi

80,5 sol

106
ré

118
do

Mediana a pipia in do MM
Puntu de organu in fa MM

90 fa

95 mi

80,5
sol

61 do

Puntu de organu in fa M
Spinellu in fa MM

68
la#

90 fa

72 la

118
do

Spinellu in fa M

95 mi

80,5 sol

Cires gravées : les instruments sardes, 1988.
Bois bakélisé, cire d'abeilles, vingt et une anches.
750 x 125 cm.
Installation au Château des Ducs d'Epernon, Cadillac.
Photographie Michel Aubry.

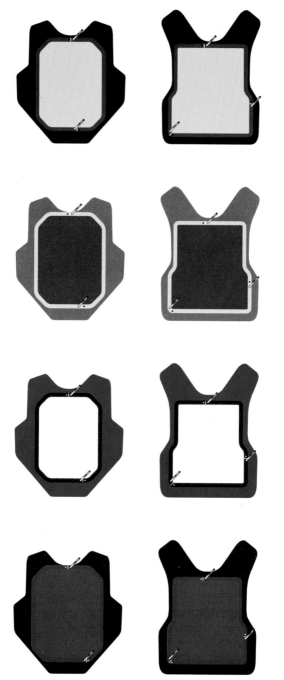

Afghanistan

Arménie

Daghestan

Azerbaïdjan

Gilets pare-balles
1993

Cires colorées, cinq anches
Devants : 67 x 57 cm, dos : 70 x 52 cm pièce

Afghanistan
Puntu de organu in do, mankosa manna
Spinellu in sol, mankosa manna
Devant : 80,5 sol   72 la
Dos : 64,5 si   61 do   55 ré

Arménie
Fiorassiu in ré, mankosa manna
Fiuda in ré, mankosedda
Devant : 85 fa#   72 la
Dos : 64,5 si   58 do#   55 ré

Daghestan
Mediana in do, mankosedda
Devant : 80,5 sol   64,5 si
Dos : 61 do   55 ré   50 mi

Azerbaïdjan
Fiorassiu in sib, mankosedda
Mediana a pipia in sib, mankosedda
Spinellu a pipia in sib, mankosedda
Devant : 90 fa   68 la#
Dos : 61 do   55 ré   52,5 ré#

Gilet pare-balles
Arménie
1993
Collection FRAC Bourgogne.
Photographie Michel Aubry.

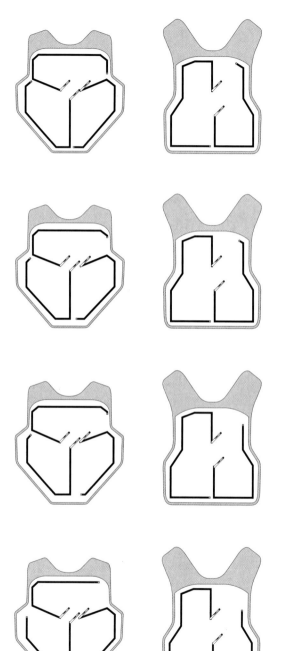

Turkmenistan

Tadjikistan

Kazakhstan

Ouzbékistan

Gilets pare-balles
1994 - 1995

Soie turkmène, blindage, cinq anches
Devants : 67 x 57 cm, dos : 70 x 52 cm pièce

Turkmenistan
Puntu de organu in la, mankosa manna
Devant : 76 sol#   72 la   64,5 si
Dos : 95 mi   85 fa#

Tadjikistan
Fiorassiu in do, mankosa manna
Fiuda in do, mankosedda
Devant : 72 la   64,5 si   61 do
Dos : 95 mi   80,5 sol

Kazakhstan
Mediana in la, mankosedda
Spinellu in la, mankosedda
Devant : 72 la   64,5 si   58 do#
Dos : 95 mi   76 sol#

Ouzbekistan
Fiorassiu in la, mankosedda
Mediana a pipia in la, mankosedda
Spinellu a pipia in la, mankosedda
Devant : 64,5 si   58 do#   55 ré
Dos : 95 mi   72 la

Gilet pare-balles
Turkmenistan
1994
Photographie Michel Aubry.

MG 42
1993

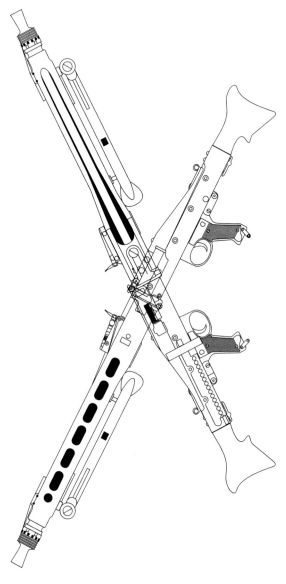

MG 42
Table de jeu, 1993.
Dessin à l'acide sur drap de laine, canne de Sardaigne,
supports en ébène, deux anches.
70 x 150 x 100 cm.
Collection FRAC Auvergne.
Photographie Michel Aubry.

Corselet quatre miroirs
1995

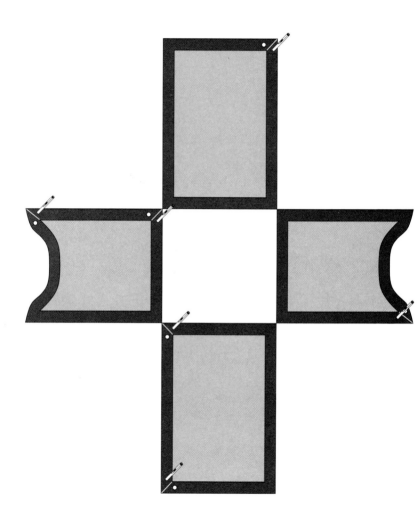

Corselet quatre miroirs, 1995.
Etain, cires colorées, six anches.
40 x 30 x 30 cm.
Photographie Michel Aubry.

Schablonensuite 1

Blouson croisé

1988-1996

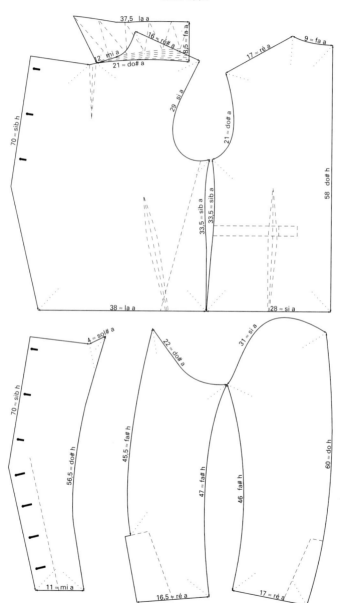

Schablonensuite, 1993.
Canne de Sardaigne,
bois bakélisé, cire colorée,
vingt et une anches.
Installation à la
Maison de la Radio.
Bruxelles, 1993.
Photographie Michel Aubry.

Schablonensuite 2
Anorak réversible 1943-1996

Manche pièce inférieure

Couture intérieure	45,5	≈	fa# m
Couture de montage	25,5	≈	do h
Couture extérieure	59	≈	do# m
Ourlet du bas	16,5	≈	mi h

Manche pièce supérieure

Couture extérieure	58		do# m
Couture de montage	31	≈	sib h
Couture intérieure	45,5	≈	fa# m
Ourlet du bas	16	≈	mi h

Capuche

Couture du fond	64	≈	si m
Couture de l'ouverture	40,5	≈	la h
Couture de l'encolure	27,5	≈	si h

Dos

Couture latérale	46		fa# m
Couture de l'emmanchure	24	≈	do h
Couture d'épaule	17	≈	ré# h
Couture de l'encolure	20	≈	ré h
Couture d'épaule	17	≈	ré# h
Couture de l'emmanchure	24	≈	do h
Couture latérale	46		fa# m
Ourlet du bas	63,5	≈	si m

Devant

Couture latérale	46		fa# m
Couture de l'emmanchure	32,5	≈	sib h
Couture d'épaule	16	≈	mi h
Couture de l'encolure	12		fa# h
Couture du parement	71	≈	la m
Ourlet du bas	43		sol# m

m - registre moyen

h - registre haut

Toutes les mesures sont données en cm.

Hiver

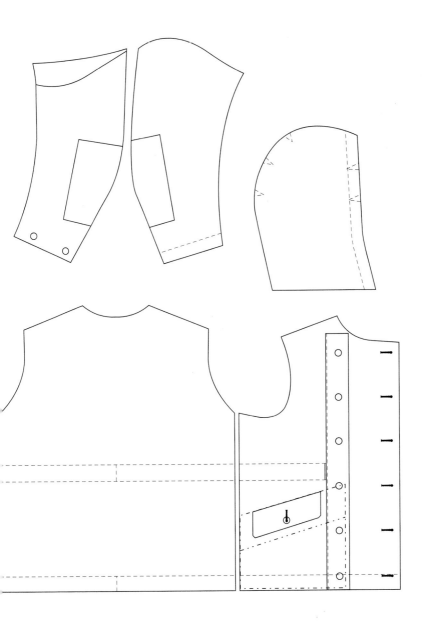

Automne

Parti pris des choses[1]

Étant donné :

un patron, un corselet, un battle-dress, une mesure musicale, une flûte-roseau (fragment), une table de jeu, un espace (salle, salon, galerie, dépôt - en bon état, cimaise), plusieurs emblèmes militaires, plusieurs mensurations, précises et minimales (cf. *supra* : « Patron »), et mesures penta- et eptatoniques, « adaptations » musicales de formes tirées elles-mêmes (mais pas toujours) d'émotions musicales ;

auxquels s'ajoutent :

tous les motifs, identifiables (ainsi qu'une ritournelle, un son familier, et « toutes ces choses que l'esprit déjà connaît ») ou « mimétisées » (c'est-à-dire déguisées *et* orchestrées), fidèles ou infidèles aussi bien à l'égard d'un métier (*craftmanship* et cadre où le métier est mis à l'épreuve), qu'à une obligation (prier accroupi, rester assis dans une enceinte glyphée, accueillir en amphitryon celui ou ceux, visiteurs, qui doivent être protégés - tout au moins un peu) ;

tous ces matériaux et tous ces motifs intentionnellement, à la limite de la gageure, réunis puis sélectionnés sur la base de l'expertise et du savoir-faire (métier), mais aussi sur l'incompétence (humaine), souvent heureuse, maniée à coups de serpe (mais sans son), par l'aléatoire, la roue d'*Occasio*,

autrement nommée, sans pour autant être
ignorée ou effacée, dans quelques *sourates*
coraniques

> Du destin de chaque homme
> Nous lui avons enserré le cou.
> Au Jour du Jugement
> Nous en ferons un livre
> Pour qu'il puisse y voir
> Ouvertement.

> *Qûran, sourate* 13

(comme quoi, à des distances et intervalles
familiers à l'astrologie, à l'astronomie et à la
mystique - stèle de Copàn, fragments méso-
potamiens d'Ugarit, plaque en bronze
d'Attique, angélologie chiite duodécimain,
apophantique orthodoxe ou patristique, pêle-
mêle -, le jeu de combinatoires, figures-motifs
encore, kaléidoscopes, ou toute autre forme
de mantique, d'allègre composition ou arupi-
ce menaçant, « se joue » là ou permanence et
impermanence mutuellement se contaminent ;
l'abîme est leur lieu de rencontre, abîme ou
volute de fumée, si l'on se tient à celui qui s'y
connaissait, Stéphane Mallarmé) ;
tous ces motifs donc,
(mais faut-il employer encore ce terme - motif -
que le Latin appelait, ironie involontaire, *ratio,*

ce buisson de *significata* ;
la « petite phrase de Vinteuil » en est un,
ainsi que d'autres, plus argotiques et bons
pour une chansonnette, une chanson de soldats notée en la mémoire des rescapés, ou
nobles : Villon cisèle le motif et il est fulgu-
rant autant que celui, inachevé, de Gérard,
notre martyr, grossi et brodé dans la liturgie
de Wagner,

bien sûr ;
ne serait-elle pas un motif, la rythmique
d'Arnauld (Daniel) :

Lancan vei fueill'e flor e frug
parer dels arbres el ramel

Le court solo de saxophone d'orchestre, dès
le deuxième acte, « la voix de Lulu », que
Berg offrit à Wedeking, le pot-pourri *concis*
de la *Piccola serenata*, Stravinski « occidenta
lisé » et à son mieux,
- et ce que Morty disait un soir à New York
à Francesco :
« *Nothing perhaps is more music than a well-
cut fragment from a full-score. My music*

belongs to patterns like this, which are playing me, luckily»);
tous ces motifs
auraient à être convertis : mis en perspective
(bien cavalière, au demeurant), puisque tra-
duits en musique,
jadis, on en avait l'habitude,
le temps de cette traduction - conversion -
avant, une chose, après, un son - s'est peut-
être plutôt brouillé, elle concerne davantage
l'interprétation (mais qu'est-ce qu'une interprétation ?) que la création, ou alors il fau-
drait dire qu'à tout jamais toute circonstance,
tout détail, sonore, olfactif, visuel - et oni-
rique -, existe, en puissance tout au moins,
pour être « traduit », « interprété », et devenir
ce tapis, ce Montage, cet assemblage, cette
valise, ce livre.
Dans la Partition de celui-ci, se poursuit cette
gageure ; une étape nouvelle sur le chemin
qui mène à penser et à voir et à faire voir, au-
delà de celle nommée très tôt *Dialektikê*, qui
fut longtemps une forme de médiation, une
pensée et une méthode de la médiation ; non
dépassée mais seulement pour l'heure
tronquée. Elle a été remplacée par le
Montage, peut-être plus ancien que l'on ne
pense, sans doute l'aboutissement de ce qui
est moderne, puisque le Montage sert aussi
bien la magie qu'à ce qui s'est imposé à elle,

ridiculement appelé rationalité si l'on pense à la déréalisation gigantesque qu'elle nous donne à vivre. Le Montage expose des synthèses impossibles ; seulement représentables comme page ou spectacle, à la lisière, comme quand on atteint le bout d'un champ, de ce qui n'est plus de l'ordre de la représentation, une hypothèse mise-en-boîte, mais du plausible, en étroite complicité avec l'aléatoire. Ce sont des prolongements légitimes de la veine qui dans la France de l'autre siècle s'incarne dans le nom d'Alfred Jarry : lorsque l'hallucination visionnaire déshabille l'apparente normalité du quotidien et du commun. Cette mise-à-nu est brutale, mais engendre aussi l'humour et cette voie, aujourd'hui passablement perdue en France, qui a une sonorité âpre et élégante, voix d'un instrument qui très rarement s'emploie pour évoquer la nostalgie, la trompette, ou celle qui accompagne les gigues qui, dit-on, ravissaient les touristes de l'Iowa au début du siècle.

La veine de Jarry, donc de Roussel et de Duchamp, est un chevauchement de genres et de motifs, une confusion *rigoureuse* de genres (ainsi la pataphysique) ; surtout un chevauchement de ce qui semble incompatible : instruments de guerre et instruments musicaux, sublime et concours Lépine, logique et absurde, révolte et ironie, patron (c'est-à-dire *ready-made*) et combinatoire érotique d'éléments (les alexandrins de Roussel, la Broyeuse de chocolat et les Pistons à air, le militarisme et le Grand-Guignol, l'ésotérisme et la Vitrine), mais combinés dans des montages où la géométrie reste la trame, ce fond que l'esprit retrouve parmi des hommes déchirés par la guerre dans un pays arrosé d'armes en tous genres et chez un artiste arrière-petit-fils de Jarry qui cherche l'accord là où d'autres ne voient que l'incongru.

[1]Renvoi en hommage au Recueil de F. Ponge, auquel il faut ajouter cette citation : « ...à propos de n'importe quel prétexte (non, pas n'importe lequel : il faut que le prétexte soit net, concret, un sujet bien déterminé) ; d'élever (il est processif) une cheminée droite... ». (Pour un Malherbe, 1965, p. 305).

Les auteurs tiennent à remercier :
Jean-Marc Négrignat, Daniel Perrier,
et plus particulièrement
Bianca Sforni, Monique Sjouwerman,
Jean-François Dumont et Iñigo de Satrústegui.

Cet ouvrage publié avec le concours

du Ministère de la Culture et de la Francophonie

Délégation aux Arts Plastiques (FIACRE)

à bénéficié du soutien :

de l'Ecole Nationale des Beaux-Arts de Bourges,

de l'École des Arts Décoratifs de Strasbourg,

du Casino Luxembourg - Forum d'art contemporain

dans le cadre de l'exposition « Inviter »,

du FRAC Poitou-Charentes,

du FRAC Bretagne,

du FRAC Pays de la Loire.

Conception et réalisation graphique,

couverture et intérieur

©Pauline Pierson

Editions Sainte-Opportune,

5,avenue du Dirigeable, 1170 Bruxelles.

Tél.(00 32 2) 673 53 18

Fax (00 32 2) 672 86 81

Imprimé sur les presses de l'imprimerie Sicop

à Bischheim en juin 1997.

ISBN 2-930046-03-1
Dépôt légal D/1997/6496/1